This book belongs to:

_____

_____

Thank you for choosing our Easter Activity Book!

We make learning fun! And this book offers countless hours of engaging, screen-free entertainment that will educate and inspire your little ones.

When you have a moment, please leave an honest review on Amazon - we value your feedback.

Thank you again, and...

Maze 1

Find the way through the maze to spread Easter joy!

Dot to Dot

Connect the dots to reveal an Easter surprise!

Easter

17
16
18
15
19
14
13
20
12
11
9
8
10
7
6
5
4
3
2
1

Tracing

Follow the lines to trace the Easter picture carefully, then add your favorite colors to bring it to life.

Matching 1

Match each Easter figure to its correct shadow. Look closely, find the perfect pair, and have fun!

Pair 1

Find the image that matches the first one, look carefully, and choose the same one for Easter!

Which is different? 1

In each Easter group, find the image that is different from the others. Look closely!

Word search 1

Find the Easter words hidden in the word search. Have fun!

Basket   Candy
Egg   Spring
Bunny   Chick
Jellybean   Tulip

T S A G L P S P R I N G V D R
S E C L C O T I N A R O D F G
J T O B A H M S E A R K I L N
E O M U N Y G A R T M F L O D
E T B N D N I R L C P Y B M E
D R T N Y N L B A P Y I C E U
T R H Y A Y E I S O T P R G D
S U E C K A R D B I F T R U A
P D L K I A C R O E G N C I R
J E L L Y B E A N B U N M E I
A K R T U L I P J E N T F U A
B L I C N D B R S P C E M K T
N H D E C H I C K P T R S M E
B A S K E T I T P R A U L E G
T I U A N E E G G B R O I N T

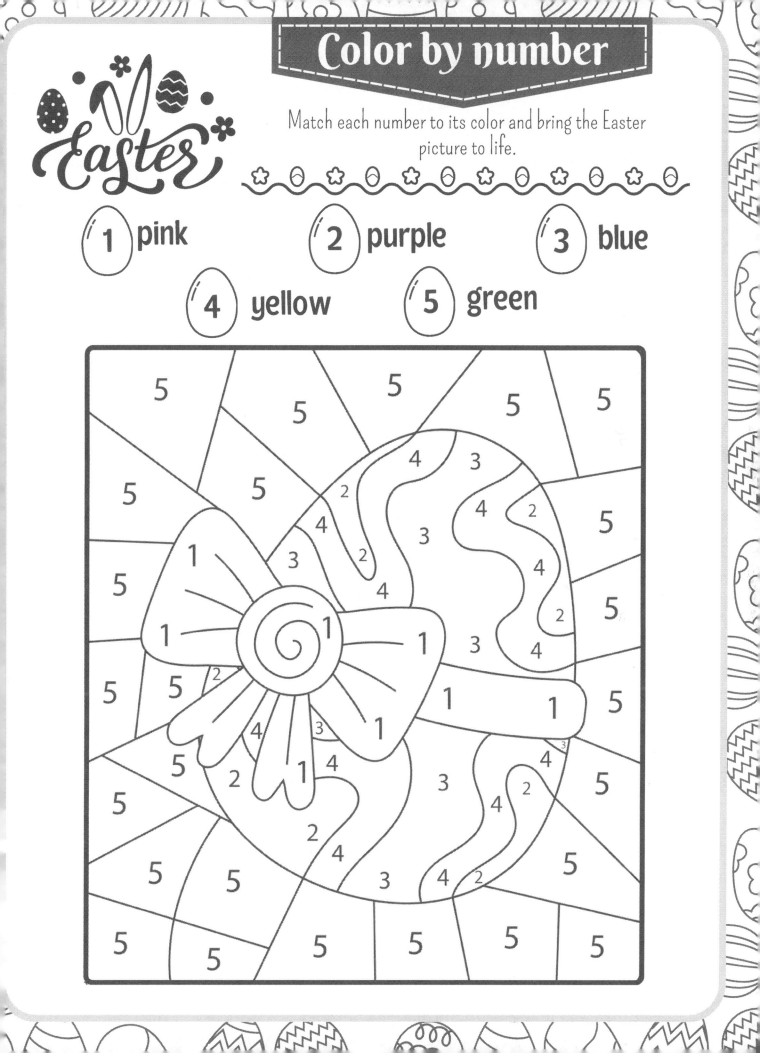

Color by number

Match each number to its color and bring the Easter picture to life.

1 pink **2** purple **3** blue

4 yellow **5** green

Maze 2

Find the way through the maze to spread Easter joy!

Dot to Dot

Connect the dots to reveal an Easter surprise!

Tracing

Follow the lines to trace the Easter picture carefully, then add your favorite colors to bring it to life.

Match each Easter figure to its correct shadow. Look closely, find the perfect pair, and have fun!

Pair 2

Find the image that matches the first one, look carefully, and choose the same one for Easter!

Which is different? 2

In each Easter group, find the image that is different from the others. Look closely!

Word search 2

Find the Easter words hidden in the word search. Have fun!

Bloom	Chocolate
Grass	Sunday
Carrot	Flowers
Hunt	Sunrise

```
O A M W S N E O Y R G I E P L
C H O C O L A T E H O W G R F
C S C A R R O T A I Y H R E D
L P I G A R B H V T C I A S U
E O P R L F L Z H S A M S N D
Y R A S F L O W E R S S S N U
E O P L T I O D O N E U B C A
S D K E P M M Y H G S N I L H
U A E B T R V S U O A R P E H
N T S L O E N C N A T I U E R
D B C N O T W L T I E S D R T
A N A H I C F W E N R E C T A
Y O I S H R L O N U A B H R P
N U G I O D L T W E P H F U A
O S L D H E A S B I T P D E R
```

Maze 3

Find the way through the maze to spread Easter joy!

Dot to Dot

Connect the dots to reveal an Easter surprise!

Easter

Tracing

Follow the lines to trace the Easter picture carefully, then add your favorite colors to bring it to life.

Matching 3

Match each Easter figure to its correct shadow. Look closely,
find the perfect pair, and have fun!

Pair 3

Find the image that matches the first one, look carefully, and choose the same one for Easter!

Which is different? 3

In each Easter group, find the image that is different from the others. Look closely!

Word search 3

Find the Easter words hidden in the word search. Have fun!

Celebration   Family
Lilies   Peep
Duckling   Lamb
Nest   Rebirth

```
D U C K L I N G L D R T E I B
A P L G I E A H T L S R O D F
P E C Y R M B S L E H T L I A
A N E S O U H I I N Y R O Z M
T S L A M O F I L D A E M S I
R I E N O E A L I G R P N D L
E E B Y C R I O E Q E H W C Y
B M R P E I R C S F T A W I R
I N A T O E L I P E E P S D M
R N T T N A B R G L C M K U I
T E I E W L T R D A B U L H N
H S O O A I R T C M L N E G A
R T N I W E B P L B I O E N C
L D T I X E R M L A I B S R D
L V O N R K B P I G A S U L K
```

Color by number

Match each number to its color and bring the Easter picture to life.

(1) orange (2) pink (3) red

(4) green (5) blue

Maze 4

Find the way through the maze to spread Easter joy!

Dot to Dot

Connect the dots to reveal an Easter surprise!

Tracing

Follow the lines to trace the Easter picture carefully, then add your favorite colors to bring it to life.

Matching 4

Match each Easter figure to its correct shadow. Look closely,
find the perfect pair, and have fun!

Pair 4

Find the image that matches the first one, look carefully, and choose the same one for Easter!

In each Easter group, find the image that is different from the others. Look closely!

Word search 4

Find the Easter words hidden in the word search. Have fun!

April   **Butterfly**
Happy   **Parade**
Bright   **Festival**
Hope   **Sunshine**

```
R G E B I O P L H N F C S A I
T H E P D L I G A H P R P V T
B U T T E R F L Y U I S A E B
P H L F D S M E N A Y S R D R
N E U B P L T I D B N E A C O
A P L E M H A P P Y T R D S I
L H A B R I G H T E T R E V H
S O A F E S T I V A L R P E H
A T A S L O E B N C L A T E F
P U R D H O P E I C N O T W L
R G E D R S U N S H I N E T N
I A H I U F N E R C T A O I S
L H R L A O Y N U B H P G I O
D L T N E P H F D A O K L P H
E A S B I T P D E R F N A U E
```

Color by number

Match each number to its color and bring the Easter picture to life.

1 yellow 2 blue 3 green

5 red 4 orange

Maze 5

Find the way through the maze to spread Easter joy!

Dot to Dot

Connect the dots to reveal an Easter surprise!

Easter

7
8
9
11
13
12
14
6
10
15
5
16
4
17
3
18
2
19
1
20

Happy
Easter

Tracing

Follow the lines to trace the Easter picture carefully, then add your favorite colors to bring it to life.

Matching 5

Match each Easter figure to its correct shadow. Look closely,
find the perfect pair, and have fun!

Pair 5

Find the image that matches the first one, look carefully, and choose the same one for Easter!

Which is different? 5

In each Easter group, find the image that is different from the others. Look closely!

Word search 5

Find the Easter words hidden in the word search. Have fun!

Blessing   Church
Joy   Season
Cheer   Holy
Pray   Worship

```
C H E E R R O C N E L D R T B
M O A P V L R I E A H T L S C
R O D P E Y R A O S E H Y L H
I A N S O H O L Y G U A H I U
N Y B R O B Z T S A O F B D R
E A L S I N O E A L G R P N C
D E E W Y C R I O W Q E H S H
C A S Q E I R P C O F T A W I
R S S N H J T O P R A Y I M E
L E I S D O T N A S O R G C K
U A N I E Y W B L H T V R E D
B S G U L H N O A I W I R N T
X O L W E G H R I P S E O P L
I N F E W N L C D T I U E R M
L A I O S R D L V O N C R K B
```

Color by number

Match each number to its color and bring the Easter picture to life.

(1) pink   (2) gray   (3) blue   (4) green

Maze 6

Find the way through the maze to spread Easter joy!

Dot to Dot

Connect the dots to reveal an Easter surprise!

Tracing

Follow the lines to trace the Easter picture carefully, then add your favorite colors to bring it to life.

Easter

Match each Easter figure to its correct shadow. Look closely, find the perfect pair, and have fun!

Pair 6

Find the image that matches the first one, look carefully, and choose the same one for Easter!

Which is different? 6

In each Easter group, find the image that is different from the others. Look closely!

Word search 6

Find the Easter words hidden in the word search. Have fun!

Angel   Feather
Greeting   Pattern
Dove   Fuzzy
Paint   Shell

```
R T M P G I F A N G E L E N U
R I S O N A H R U Y E L D R S
T F U Z Z Y I E O A P V L R H
I E A H T L S R O D P E Y R E
M B S E H A T L G N S O Z G L
A H I N T R O Z W A T M O R L
P A T T E R N F I D A E M E S
I N O E A L G R P N D E Y E C
R I D O V E F E A T H E R T O
Q E H N C M P E G R C P F I T
A N I R F G E L I S D A T N N
A B R G Y X M K U I E I N G L
T V R E D B U H L N O N A G R
I T U H L N E G A R B T P L I
F E N C L D T I U E R M L A I
```

Color by number

Match each number to its color and bring the Easter picture to life.

1 pink **2** gray **3** yellow

4 black **5** green

Maze 7

Find the way through the maze to spread Easter joy!

Easter

Connect the dots to reveal an Easter surprise!

1
2
3
4
5
6
7
8
9
10
11
12
13
14
15
16
17
18
19
20

Tracing

Follow the lines to trace the Easter picture carefully, then add your favorite colors to bring it to life.

Matching 7

Match each Easter figure to its correct shadow. Look closely, find the perfect pair, and have fun!

Pair 7

Find the image that matches the first one, look carefully, and choose the same one for Easter!

Easter

In each Easter group, find the image that is different from the others. Look closely!

Word search 7

Find the Easter words hidden in the word search. Have fun!

Decorate   Meadow
Rainbow   Sharing
Festival   Picnic
Seed   Tradition

```
N P T Y E T R A D I T I O N C
O H F N E R A I N B O W W A G
H C N S M R V T H P W U C Y N
P I F E S T I V A L A H W T D
S Y E V A D T M R O I L Y T S
D E C O R A T E O P D E L V A
H K I R N O T A L M S B D C T
O A M R S I S O E M U P R H C
M L N G H E S X U E A L P D K
M I E S A U E L O A I E I B W
N A T I R S E W D D M E C O U
F N B S I O D E T O C L N R O
A B M S N I L N D W O T I S R
C P E U G T H N I B S R C E U
O A G L E U C D A S R L T M B
```

Maze 8

Find the way through the maze to spread Easter joy!

Dot to Dot

Easter

Connect the dots to reveal an Easter surprise!

1 2 3 4 5 6 7 8 9 10
11
12
13
14
15
16
17
18
19
20

Tracing

Follow the lines to trace the Easter picture carefully, then add your favorite colors to bring it to life.

Matching 8

Match each Easter figure to its correct shadow. Look closely,
find the perfect pair, and have fun!

Easter

Find the image that matches the first one, look carefully, and choose the same one for Easter!

Easter

In each Easter group, find the image that is different from the others. Look closely!

Word search 8

Find the Easter words hidden in the word search. Have fun!

Brighten · Flowers
Fun · Happy
Family · Friends
Game · Miracle

```
O E D G P L T A U E R S T O H
L R G V U N I S P R C H T M E
R A O N F F W A C T N D I S P
O F R N T U G B E R C O L F I
U L Y R H N B G T L I O E R R
D O U B M I R A C L E O C I S
Y W L E D C I I Y N L A O E I
F E N R S M G F I Y O E S N T
D R G A M E H A A B I R E D L
N S A S C T T M E O R L I S F
E N H L S I E I H A P P Y D N
B R O E P N N L B A S W R G O
L N B A U S E Y D I O N C E W
P O T S Y I E D T U Y F R I P
O E M C I D R E N S T F I R E
```

Maze

Maze 1

Maze 2

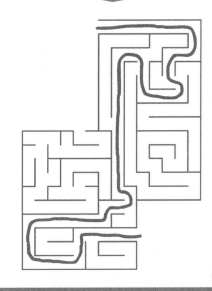

Maze 3

Maze 4

Easter

Maze

Maze 5

Maze 6

Maze 7

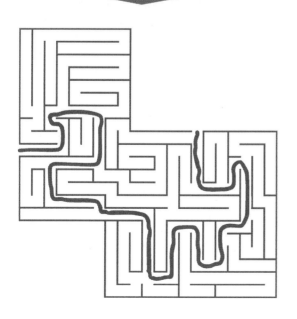

Maze 8

Easter

Matching

Matching 1

Matching 2

Matching 3

Matching 4

Easter

Matching

Matching 5

Matching 6

Matching 7

Matching 8

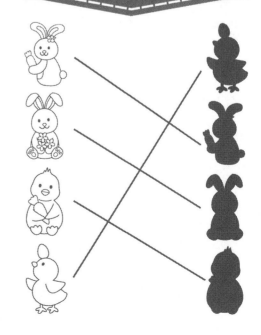

Pair

Pair 1

Pair 2

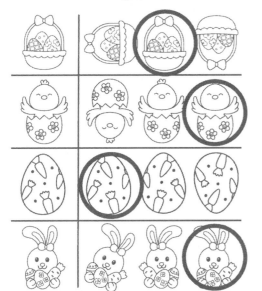

Pair 3

Pair 4

Pair

Pair 5

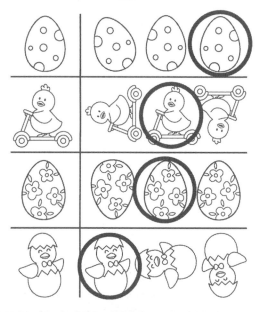

Pair 6

Pair 7

Pair 8

Answers

Which is different?

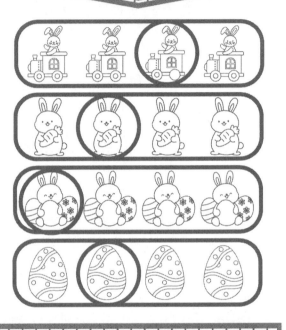

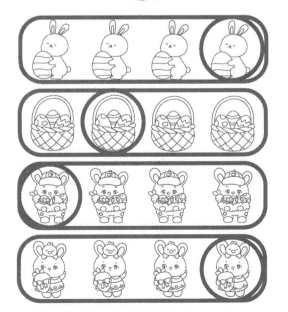

Which is different?

Which is different? 5

Which is different? 6

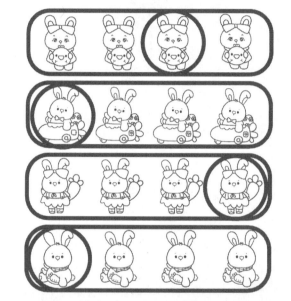

Which is different? 7

Which is different? 8

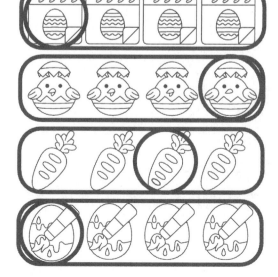

Word search

Word search 1

```
T S A G L P S P R I N G V D R
S E C L C O T I N A R O D F G
J T O B A H M S E A R K I L N
E O M U N Y G A R T M F L O D
E T B N D N I R L C P Y B M E
D R T N Y N L B A P Y I C E U
T R H Y A Y E I S O T P R G D
S U E C K A R D B I F T R U A
P D L K I A C R O E G N C I R
J E L L Y B E A N B U N M E I
A K R T U L I P J E N T F U A
B L I C N D B R S P C E M K T
N H D E C H I C K P T R S M E
B A S K E T I T P R A U L E G
T I U A N E E G G B R O I N T
```

Word search 2

```
O A M W S N E O Y R G I E P L
C H O C O L A T E H O W G R F
C S C A R R O T A I Y H R E D
L P I G A R B H V T C I A S U
E O P R L F L Z H S A M S N D
Y R A S F L O W E R S S N U
E O P L T I O D O N E U B C A
S D K E P M M Y H G S N I L H
U A E B T R V S U O A R P E H
N T S L O E N C N A T I U E R
D B C N O T W L T I E S D R T
A N A H I C F W E N R E C T A
Y O I S H R L O N U A B H R P
N U G I O D L T W E P H F U A
O S L D H E A S B I T P D E R
```

Word search 3

```
D U C K L I N G L D R T E I B
A P L G I E A H T L S R O D F
P E C Y R M B S L E H T L I A
A N E S O U H I I N Y R O Z M
T S L A M O F I L D A E M S I
R I E N O E A L I G R P N D L
E E B Y C R I O E Q E H W C Y
B M R P E I R C S F T A W I R
I N A T O E L I P E E P S D M
R N T T N A B R G L C M K U I
T E I E W L T R D A B U L H N
H S O O A I R T C M L N E G A
R T N I W E B P L B I O E N C
L D T I X E R M L A I B S R D
L V O N R K B P I G A S U L K
```

Word search 4

```
R G E B I O P L H N F C S A I
T H E P D L I G A H P R P V T
B U T T E R F L Y U I S A E B
P H L F D S M E N A Y S R D R
N E U B P L T I D B N E A C O
A P L E M H A P P Y T R D S I
L H A B R I G H T E T R E V H
S O A F E S T I V A L R P E H
A T A S L O E B N C L A T E F
P U R D H O P E I C N O T W L
R G E D R S U N S H I N E T N
I A H I U F N E R C T A O I S
L H R L A O Y N U B H P G I O
D L T N E P H F D A O K L P H
E A S B I T P D E R F N A U E
```

Answers

Word search

```
C H E E R R O C N E L D R T B
M O A P V L R I E A H T L S C
R O D P E Y R A O S E H Y L H
I A N S O H O L Y G U A H I U
N Y B R O B Z T S A O F B D R
E A L S I N O E A L G R P N C
D E E W Y C R I O W Q E H S H
C A S Q E I R P C O F T A W I
R S S N H J T O P R A Y I M E
L E I S D O T N A S O R G C K
U A N I E Y W B L H T V R E D
B S G U L H N O A I W I R N T
X O L W E G H R I P S E O P L
I N F E W N L C D T I U E R M
L A I O S R D L V O N C R K B
```

```
R T M P G I F A N G E L E N U
R I S O N A H R U Y E L D R S
T F U Z Z Y I E O A P V L R H
I E A H T L S R O D P E Y R E
M B S E H A T L G N S O Z G L
A H I N T R O Z W A T M O R L
P A T T E R N F I D A E M E S
I N O E A L G R P N D E Y E C
R I D O V E F E A T H E R T O
Q E H N C M P E G R C P F I T
A N I R F G E L I S D A T N N
A B R G Y X M K U I E I N G L
T V R E D B U H L N O N A G R
I T U H L N E G A R B T P L I
F E N C L D T I U E R M L A I
```

```
N P T Y E T R A D I T I O N C
O H F N E R A I N B O W W A G
H C N S M R V T H P W U C Y N
P I F E S T I V A L A H W T D
S Y E V A D T M R O I L Y T S
D E C O R A T E O P D E L V A
H K I R N O T A L M S B D C T
O A M R S I S O E M U P R H C
M L N G H E S X U E A L P D K
M I E S A U E L O A I E I B W
N A T I R S E W D D M E C O U
F N B S I O D E T O C L N R O
A B M S N I L N D W O T I S R
C P E U G T H N I B S R C E U
O A G L E U C D A S R L T M B
```

```
O E D G P L T A U E R S T O H
L R G V U N I S P R C H T M E
R A O N F F W A C T N D I S P
O F R N T U G B E R C O L F I
U L Y R H N B G T L I O E R R
D O U B M I R A C L E O C I S
Y W L E D C I I Y N L A O E I
F E N R S M G F I Y O E S N T
D R G A M E H A A B I R E D L
N S A S C T T M E O R L I S F
E N H L S I E I H A P P Y D N
B R O E P N N L B A S W R G O
L N B A U S E Y D I O N C E W
P O T S Y I E D T U Y F R I P
O E M C I D R E N S T F I R E
```

Made in the USA
Columbia, SC
04 April 2025

56195148R00046